Beatrix Mannel

Feuerwehrgeschichten

Illustriert von Silke Voigt

www.leseloewen.de

ISBN 978-3-7432-0346-4
Überarbeitete Neuausgabe
2. Auflage 2019
© 2008 Loewe Verlag GmbH, Bindlach
Umschlagillustrationen: Katharina Wieker
Umschlaggestaltung: Jennifer Wunderwald
Printed in the EU

www.loewe-verlag.de

Inhalt

Glück im Unglück

Moritz liegt mit Fieber
im Bett.
Er langweilt sich sehr.
Deshalb steht er auf
und sieht aus dem Fenster.
Nichts als Dächer.
Aber da entdeckt Moritz
einen Schornsteinfeger.
Er klettert
auf den Kamin gegenüber.

Moritz freut sich.

Schornsteinfeger bringen Glück!

Moritz klopft wie wild

an die Fensterscheibe

und winkt dem Mann zu.

Der Schornsteinfeger grüßt

freundlich zurück.

Doch was ist das?

Er verliert das Gleichgewicht

und kann sich gerade noch

mit einer Hand

an der Leiter festhalten.

Der Schornsteinfeger

baumelt in der Luft.

Moritz ist entsetzt.

Er muss etwas tun.

Bloß was?

Er ist ganz allein.

Da steht das Telefon.

Moritz wählt die Nummer 112.

Er berichtet genau,

was passiert ist.

Kaum hat er aufgelegt,

hört Moritz auch schon

die Sirenen der Feuerwehr.

12

Er beobachtet,

wie die Feuerwehrmänner

die Drehleiter ausfahren.

Der Schornsteinfeger

ist gerettet.

Kurze Zeit später klingelt es

an der Haustür.

Es ist der Schornsteinfeger.

„Danke, du warst
ein prima Schutzengel",
sagt der Schornsteinfeger.
„Zu was Fieber
alles gut sein kann",
denkt Moritz und kuschelt sich
wieder ins Bett.

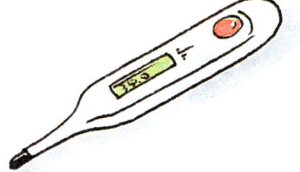

Fliegende Menschen

„Blödsinn!", sagt Mia, die Meise,

zu Karla, der Katze.

„Menschen können

nicht fliegen!"

Karla verdreht die Katzenaugen.

„Doch, ich wette mit dir,

dass Menschen es

sogar bis hoch hinauf

in diese alte Eiche schaffen",

schnurrt sie.

„Du hast ja eine Meise",

zwitschert Mia fröhlich.

Karla grinst.

„Du wirst schon sehen!",

sagt sie geheimnisvoll.

Mia, die Meise, lacht nur.

„Na gut, die Wette gilt",

flötet sie.

„Und wer verliert,
muss ein Eis spendieren",
verlangt Mia dann noch.
Da klettert Karla sofort
bis hoch hinauf
in die oberste Baumspitze
und miaut ganz jämmerlich.
„Miau, miauuuu, miauuuu!"

Nach kurzer Zeit bleiben

viele Menschen

unter der Eiche stehen.

Mia fragt sich,

warum Karla

so einen Lärm macht.

Karla jault

immer schlimmer.

Lautes Sirenengeheul

dringt plötzlich an Mias Ohr.

Rote Autos fahren heran.

Dann schwebt ein Mensch

in einer schwarzen Uniform

bis hoch hinauf

in die alte Eiche.

Fast so elegant wie ein Vogel!

Er nimmt Karla auf den Arm.

Da bleibt Mia

der Schnabel offen stehen.

Karla zwinkert Mia kurz zu.

„Siehst du,

Menschen können

doch fliegen!",

schnurrt sie und grinst.

„Diese Katze",
denkt Mia,
„jetzt hat sie mich
schon wieder
hereingelegt!"

Feuerwehrfrauen

Sarah ärgerte sich.

Über ihren blöden Bruder.

Nie ließ Henry sie

mit seinen Feuerwehrautos spielen.

Dabei wollte sie später

unbedingt Feuerwehrfrau werden.

Henry fand das lächerlich.

„Mädchen haben davon

keine Ahnung!",

behauptete er.

„Das werden wir ja sehen!",

widersprach ihm Sarah.

„Henry, ich habe

ein Rätsel für dich.

Wenn du es nicht schaffst,

das Rätsel zu lösen,

dann darf ich diese Woche

mit deiner Feuerwehr spielen,

abgemacht?", fragte Sarah.

„Pah! Mädchen-Rätsel

löse ich doch im Schlaf!",

tönte Henry angeberisch.

„Gut", sagte Sarah,

„dann erkläre mir die fünf W!"

„Hä?" Henry war ratlos.

„Fünf Wehh?

Meinst du vielleicht Wurstsorten?",

riet er vorsichtig.

Sarah grinste.

„Komm, gib auf!

Du weißt es einfach nicht."

„Nein, das hättest

du wohl gerne!",

sagte ihr Bruder.

Und dann dachte er angestrengt nach.

Henry überlegte hin und her.

Aber ihm fiel einfach

keine Antwort ein.

Endlich gab er auf.

Sarah freute sich.

Sie tanzte um Henry herum

und erklärte ihm:

„Wenn man die Feuerwehr anruft,

dann sind die fünf W ganz wichtig:

Wer meldet etwas?

Wie und wo ist es passiert?

Wie sieht es jetzt aus?

Und dann soll man warten,

bis man die Erlaubnis

zum Auflegen bekommt!

Und ich kriege jetzt eine Woche

deine Feuerwehrautos!",

strahlte Sarah.

Henry ärgerte sich,

aber versprochen

war versprochen.

„Wenn du willst,
lass ich dich mitspielen!",
bot Sarah ihm freundlich an.
„Nett von dir!", sagte Henry
und rollte mit den Augen.
„So sind Schwestern eben",
grinste Sarah.

Schlangenfutter

Tina liebt ihren Bruder Pitt.

Aber sie hasst Kaa,

seine dicke grüne Schlange.

Die macht ihr

ziemlich Angst.

Und jetzt ist Pitt

auch noch auf Klassenfahrt!

Solange soll Tina

Kaa füttern.

Erst am nächsten Morgen

traut sich Tina,

in Pitts Zimmer zu gehen,

um Kaa etwas zu fressen zu geben.

Aber die Schlange ist weg!

Tina wird ganz heiß.

Wenn das herauskommt,

gibt es Ärger!

Was soll sie jetzt

nur machen?

Ihre Mama ist gerade
beim Einkaufen.
Die kann sie nicht fragen.
Und ihr Papa?
Der ist arbeiten.
Wie immer um diese Zeit.
Tina überlegt weiter.
Endlich hat sie die rettende Idee:
Sie ruft die Feuerwehr an!

Die kommt sofort.

Mit langen Stöcken

stochern die Feuerwehrleute

in allen Ritzen und Ecken.

Einer schaut sogar

hinter dem Heizkörper nach.

„Da haben wir ja die Ausreißerin!"

Er zieht die grüne Schlange hervor.

Tina wird bleich.

„Die ist harmlos!",
sagt der Feuerwehrmann.
„Solche Schlangen
verstecken sich gerne dort,
wo es warm ist!",
erklärt er Tina.
„Möchtest du die Schlange
mal anfassen?",
fragt er sie.

Tina schüttelt den Kopf.

„Ich finde die total eklig!",

sagt sie.

Der Feuerwehrmann lacht.

„Dann musst du es

erst recht mal probieren.

Die Schlange fühlt sich nämlich

ganz trocken und glatt an."

Da streichelt Tina vorsichtig

Kaa, die Schlange.

„Tatsächlich!", staunt sie.

„Ab jetzt werde ich besser
auf Kaa aufpassen!",
verspricht Tina.

„Denn jetzt habe ich
keine Angst mehr vor ihr!",
strahlt sie.

Der Feuerhase

„Du kannst auf keinen Fall
Feuerwehrmann werden!",
sagt der Hasenvater
zu seinem Sohn Harry.
„Wieso denn nicht?",
will Harry wissen.

„Weil man als Hase
entweder Osterhase, Hasenfuß
oder Angsthase wird!",
schimpft der Hasenvater.
„Dann gehe ich eben
ohne deine Erlaubnis
zu den Feuerfüchsen
und werde Feuerwehrmann!",
sagt Harry trotzig.
Er verschwindet im Wald.

Die Feuerfüchse freuen sich

über jeden,

der Feuerwehrmann

werden möchte.

Harry lernt dort an einem Tag alles,

was ein guter Feuerwehrmann

können muss.

Als Harry fertig ist,

hoppelt er nach Hause zurück.

38

Sein Hasenvater freut sich sehr,

dass Harry wieder da ist.

„Es gibt hier viel zu tun",

sagt der Hasenvater.

„Als Hasenfuß?",

fragt Harry und grinst.

Der Hasenvater wird rot.

„Nein, für Feuerwehrhasen."

Und dann erzählt er,
dass die Hasenschule
abgebrannt ist.
Denn niemand hat gewusst,
wie man einen Brand
löschen kann.

„Dann werde ich
als Erstes eine Schule
für Feuerwehrhasen
aufmachen", sagt Harry.

„Damit so etwas
nicht wieder passiert."
Da ist der Hasenvater sehr froh,
dass Harry doch ein Feuerwehrhase
geworden ist
und kein Angsthase.

Der 90. Geburtstag

Lena klingelte
an der Tür von Oma Helga,
ihrer Nachbarin.
Oma Helga feierte
ihren 90. Geburtstag.
Deshalb hatten Lena und ihre Mutter
eine leckere Erdbeertorte
für sie gebacken.

Und Lena durfte sie

Oma Helga vorbeibringen.

Es machte niemand auf.

„Komisch!", fand Lena.

Heute sollte doch

das große Fest sein!

Sie ging nach Hause zurück

und erzählte ihrer Mutter davon.

Die beiden sorgten sich.

Ob Oma Helga etwas passiert war?

Niemand hatte einen Schlüssel
zu Oma Helgas Wohnung.
Selbst der Hausmeister nicht.
Da fiel Lena etwas ein.
Sie hatte in der Schule gelernt,
dass die Feuerwehr
helfen kann,
Türen aufzumachen.

Sie rief die Feuerwehr an
und erklärte genau,
warum sie sich
um Oma Helga Sorgen machte.
Kurze Zeit später
war die Feuerwehr schon da.
Lena zeigte dem Feuerwehrmann
Oma Helgas Tür.

Der Feuerwehrmann
stemmte die Haustür auf.
Da sahen sie Oma Helga
auf dem Boden liegen.
Die Ärmste war ausgerutscht
und konnte den Fuß nicht bewegen.
„Vielen Dank, Lena!",
sagte Oma Helga müde.

Die Feuerwehrleute legten
Oma Helga auf eine Trage.
„Morgen bringe ich dir
die Torte ins Krankenhaus!",
versprach Lena.
„Das ist schön",
freute sich Oma Helga.
„Da werde ich ganz bestimmt
bald wieder gesund!"

Dachbodengespenster

Luisa, Finn und Max spielen

Verkleiden auf Oma Ilses Dachboden.

Luisa probiert gerade

einen glitzernden Feenschleier an.

Plötzlich hört sie ein Geräusch.

„Ich glaub, hier spukt's!",

flüstert Luisa

mit bleichem Gesicht.

„Quatsch!",

lacht Finn.

Doch dann hört er es auch.

Ein schreckliches Brummen

und Summen.

„Das sind bestimmt

ziemlich wütende Gespenster!",

schlottert Max.

„Dann sollten wir lieber

sofort verschwinden!",

meint Luisa.

„Nein!", sagt Finn.

„Ich möchte wissen,

wo sich die Geister

versteckt haben …"

Mutig geht er in die Richtung,

aus der das Brummen kommt.

Luisa und Max halten die Luft an.

„Na, so was!",

sagt Finn.

Dann lacht er laut los.

„Das sind keine Gespenster,

das ist ein Hornissennest",

stellt er fest.

„Aber die sind ja noch gefährlicher

als Gespenster!",

ruft Max.

„Stimmt, wir sollten runtergehen!",

schlägt Luisa vor.

Die drei berichten Oma Ilse
von dem Nest.
Oma Ilse ruft die Feuerwehr.
Die soll das Nest
an einen anderen Ort bringen!
Die Feuerwehr kommt sofort.
Die Kinder beobachten,
wie die Feuerwehrmänner
Schutzkleidung anziehen.

Dann fahren sie die Leiter aus
und packen
das brummende, summende Nest
in einen Behälter.
„Eigentlich schade,
dass es keine Gespenster waren!",
sagt Finn.
„Wer weiß",
grinst Oma Ilse geheimnisvoll.
„Ihr könnt ja später weitersuchen."

Opas Feuerwehr

Für Jan
ist es das Größte,
wenn Opa Erich
ihm vorm Schlafengehen
Feuerwehrgeschichten
von früher erzählt.

„Damals war das
noch richtige Knochenarbeit!",
sagt Opa zu Jan.

Und dann
fängt er an zu erzählen.
Jan schließt die Augen.
Gleich sieht er alles,
was Opa Erich erzählt,
deutlich vor sich:
Opa in dieser altmodischen Uniform,
wie er auf die Leitern
aus Holz klettert.

Wie Opa und seine Männer

das Wasser mit der Hand

vom Tank

in den Schlauch pumpen.

Und dann einen Stallbrand löschen.

„Aber das Beste", lacht Opa,

„war die Glocke!

Denn damals gab es

noch keine Sirenen.

Das Allerschönste war für mich,
mit der Glocke zu bimmeln …",
sagt Opa.
Bim! Bim! Bim!

„Jan, hörst du nicht?
Dein Wecker klingelt!",
ruft seine Mutter.
Jan reibt sich
verschlafen die Augen.

Dann steht er auf
und macht sich fertig.
„Heute bin ich schneller
als die Feuerwehr",
denkt er und grinst.

Beatrix Mannel arbeitete knapp zehn Jahre als Fernsehredakteurin, ehe sie anfing, Romane für Erwachsene und dann auch für Jugendliche zu schreiben. Die Autorin lebt mit ihrer Familie in München.

Diplom-Designerin **Silke Voigt** arbeitet seit 1996 als freiberufliche Autorin und Illustratorin im Kinder-, Schul- und Sachbuchbereich mit vielen deutschen Verlagen zusammen. Sie hat ein fünfjähriges Grafikdesign-Studium mit dem Schwerpunkt Illustration absolviert. Im Anschluss daran erwarb sie in einem zusätzlichen Studium der Malerei ihr Examen in Freier Kunst an der Kunstakademie.

Mit bunten Silben lesen lernen

Viele spannende und schöne Geschichten zu beliebten Themen erleichtern Ihrem Kind den Start in die Welt der Buchstaben. Die große, gut lesbare und bunte Schulbuchschrift macht Spaß und führt rasch zum ersten Leseerfolg!

In diesem Band sind alle Wörter in farbig markierte Buchstabengruppen, die Sprechsilben, unterteilt. So sind sie für Erstleser einfacher und schneller zu erfassen. Schon Vorschulkinder teilen ein Wort beim Sprechen intuitiv in Silben auf. Durch die farbigen Markierungen der Silben ist es für Kinder viel leichter, die richtige Einteilung auch in geschriebenen Wörtern zu erkennen und den Sinn der Wörter zu begreifen. Auf diese Weise lernen sie schnell, flüssig und fehlerfrei zu lesen.

Zahlreiche bunte Bilder sorgen zusätzlich für Abwechslung und ermöglichen kleine Pausen. Die klare Zuordnung der Bilder zum Geschehen in den Geschichten unterstützt das Textverständnis. So kommen auch weniger geübte Leser schnell zu einem Erfolgserlebnis und Lesen wird zum Kinderspiel!

Noch mehr Silbengeschichten zum Lesenlernen

ISBN 978-3-7432-0450-8

ISBN 978-3-7432-0451-5

ISBN 978-3-7432-0347-1

ISBN 978-3-7432-0062-3

ISBN 978-3-7432-0063-0